RÉCIT EXACT

DES

DERNIERS MOMENS DE CAPTIVITÉ

DE LA REINE,

depuis le 11 septembre 1793, jusqu'au 16 octobre suivant.

PAR LA DAME BAULT,

VEUVE DE SON DERNIER CONCIERGE.

PARIS.

C. BALLARD, IMPRIMEUR DU ROI, RUE J.-J. ROUSSEAU, N°. 8.

1817.

AVANT-PROPOS.

Témoin des derniers momens de captivité de l'auguste Princesse, objet de ces souvenirs, j'ai lu avec empressement tout ce qu'on a écrit à cet égard. Je n'avais rien à connaître de nouveau, mais je cherchais à savoir si ce qu'on disait était toujours conforme à l'exacte vérité. J'ai reconnu quelques erreurs, produites par un excès de zèle ou de confiance. Je ne doute point, par exemple, que beaucoup de personnes n'aient voulu témoigner l'attachement le plus sincère à leur Souveraine, par des offrandes et des sacrifices. Mais, à très-peu d'exceptions près, que j'ai mentionnées dans le cours de ce récit, je suis persuadée que ces tentatives ont été inutiles, d'après les motifs que j'en ai donnés. Ce qu'il était impossible de prouver était inutile à dire. La gloire de la Reine n'y peut rien gagner; au contraire, en s'efforçant d'accréditer des faits inexacts ou exagérés, il semble qu'on risque d'affaiblir le mérite de ses souffrances et la dignité de son caractère. Quant à moi, je n'ai rien dit que je ne puisse attester en honneur et en conscience. Je n'ai aucun intérêt à en imposer aux hommes, dont je n'attends point de récompense, ni au ciel, qu'on ne trompe point impunément. Je serai heureuse d'avoir pu mériter la confiance et d'obtenir quelqu'estime.

Veuve BAULT.

RÉCIT DES FAITS.

Mon mari était concierge de la maison de la Force, à l'époque de la révolution. Je partageais ses travaux, et j'élevais près de lui mes enfans. Nous fûmes témoins des massacres des 2 et 3 septembre. Il eut le bonheur de faire sauver près de deux cents détenus, et s'échappa avec eux. Mais nous eûmes la douleur de ne pouvoir pas arracher à la mort la plus illustre des Victimes qui périrent dans ces fatales journées. Les assassins se rendirent maîtres de notre domicile, de nos meubles, de nos provisions, et nous leur abandonnâmes tout ce qui était à nous, en détournant les yeux des horreurs dont ils se souillaient en notre présence; ils quittèrent enfin quand il ne leur resta plus rien à immoler.

Mon mari revint à son poste, et bientôt la prison se remplit de tous les sujets fidèles au Monarque et à la monarchie légitimes, que leur opinion rendait suspects aux tyrans révolutionnaires. Nous résolûmes de tromper les tyrans pour adoucir le sort des infortunés, et quelquefois nos efforts ne furent pas inutiles.

A l'époque où la Reine fut transférée du Temple à la Conciergerie, une dame, qui venait à la Force porter des secours à un prisonnier, sut que nous avions des liaisons avec *Michonis*, l'un des Administrateurs de la police de ce tems-là ; elle confia à mon mari le dessein où elle était d'engager cet Administrateur à introduire auprès de la Reine un Chevalier de Saint-Louis qui désirait lui offrir ses services. *Michonis* était rempli d'honneur et de zèle, il reçut favorablement ces propositions. La dame nous donna à dîner dans sa maison de campagne à Vaugirard. Le brave Chevalier s'y trouva, et toutes les mesures furent prises pour l'exécution. *Michonis* se chargea du consentement de *Richard*. L'entrevue eut lieu ainsi qu'on l'a dit dans le tems, je n'en répéterai point les détails, dont je n'ai pas été témoin, non plus que mon mari, et qui d'ailleurs ont été consignés dans mille autres écrits. Nous fûmes affligés du peu de succès de cet acte de dévouement et de courage. Je n'ai point revu la dame ni le Chevalier de Saint-Louis, dont j'ai oublié les noms depuis vingt-quatre ans de séparation (1). J'ai lieu de croire qu'ils n'existent plus ; car il est vraisemblable qu'ils se seraient empressés de se faire connaître dans les circonstances plus heureuses que le ciel nous a enfin accordées.

Michonis fut destitué et mis en prison. Nous étions fort inquiets, mon mari et moi, des révélations qu'il pouvait faire ; mais sa fidélité et sa discrétion ne se démentirent jamais, et c'est une justice que je dois rendre à sa mémoire. Quelque tems après il périt sur l'échafaud, non pas pour ce fait nommément, mais à l'occasion d'une prétendue conspiration de prison, dans laquelle on l'accusa d'avoir trempé.

La destitution de *Richard* ne tarda pas à être prononcée. Nous en fûmes prévenus par un autre Administrateur de la police, nommé *Dangers*, qui nous était également attaché. Il nous ajouta qu'il était question de mettre

---

(1) V. la note de l'ouvrage intitulé : *Histoire de la captivité de Louis XVI et de la Famille Royale*; chez Michaud, imprimeur-libraire, note de la page 275. M. Hue nomme ce chevalier de Saint-Louis *Rougeville*. Je m'en rapporte à sa mémoire.

l'horrible *Simon* à la place de *Richard*. Mon mari frémit de cette idée, et conçut à l'instant le hardi projet de se proposer lui-même pour être le concierge de la Reine. Nous avions l'honneur de connaître dès-lors MM. *Hue* et *Cléry*; nous leur fîmes part séparément de notre dessein. Ils nous y encouragèrent. *Dangers* se chargea de faire agréer notre demande, et mon mari fut installé à la Conciergerie le 11 septembre 1793.

En entrant dans la chambre de la Reine, elle lui dit avec cette bonté qui ne l'a jamais abandonnée jusqu'au dernier moment : « Ah ! » vous voilà, M. Bault ! je suis charmée que » ce soit vous qui vienne ici ». Mon mari n'avait jamais eu l'honneur d'approcher de Sa Majesté. Il ne concevait point par quel miracle elle avait pu être instruite d'une négociation qui avait été si prompte et si secrète. Nous regardâmes ce concours d'événemens comme un ordre et comme un bienfait de la Providence. C'était un bonheur pour nous de savoir que nos soins seraient agréables ; nous redoublâmes d'ardeur pour tâcher qu'ils fussent utiles. Nous ne demandions pas de plus grandes récompenses. Si d'autres avaient pu mettre un prix à leurs services, on savait bien que mon mari se dévouait par des motifs trop élevés pour obéir à des vues mercenaires.

On conçoit sans peine que les rigueurs redoublèrent d'activité depuis l'aventure de *Michonis* et de *Richard*. On signifia à mon mari qu'il fallait que l'accusée fût nourrie, comme les autres, de l'ordinaire le plus grossier de la prison. « Je n'entends pas cela, leur » dit-il ; c'est ma prisonnière, j'en réponds » sur ma tête ; on pourrait tenter de l'em- » poisonner, il faut que ce soit moi qui » veille à ses alimens ; pas une goutte d'eau » n'entrera ici sans ma permission ». On trouva qu'il avait raison, et dès ce moment je fus avec ma fille chargée de la nourriture. Elle ne fut pas recherchée, mais du moins saine et convenable. On ne servit plus à la Reine de l'eau malpropre dans un vase fétide, ainsi qu'on avait eu la brutale insolence de le faire auparavant. Nous eûmes un soin particulier de cet objet, sur lequel elle était extrêmement délicate.

Tous les cœurs n'étaient pas fermés à la pitié. Une femme de la Halle vint un jour apporter à mon mari un melon pour *sa bonne Reine*. Une autre offrit des pêches. Tout fut remis à sa destination ; mais il fallait user d'adresse pour ne pas s'exposer aux reproches. Pareils faits s'étaient déjà passés du tems de *Richard*, suivant le témoignage de M. *Hue*. (*Voyez le même ouvrage déjà mentionné.*)

Je ne suis jamais entrée dans la chambre de la Reine pendant tout le tems que mon mari l'a eue en sa garde. Pour paraître plus exact, il m'en avait donné l'exclusion, et s'en était à lui seul réservé le droit, encore était-il toujours accompagné de deux gendarmes qui veillaient sur tous ses mouvemens. On avait soin de choisir les plus méchans pour cette escorte. Souvent des Administrateurs de la police, l'Accusateur public, ou même des Membres du Comité de sûreté générale, venaient eux-mêmes faire l'inspection ; c'était le moment des plus odieuses recherches. Ils aperçurent un jour une vieille tapisserie que mon mari avait fait attacher le long du lit de la Reine, afin de corriger l'humidité du mur; ils en témoignèrent leur mécontentement. « Ne » voyez-vous pas, leur dit mon mari, que » c'est afin de rompre le bruit, et d'empê- » cher qu'on n'entende rien dans la chambre » voisine ? » Ils furent émerveillés de sa pénétration. « C'est juste, lui dirent-ils ; tu as

» bien fait ». Pour tromper ces misérables, il fallait parler dans leur sens.

L'insalubrité de la chambre était telle, que la robe noire de Sa Majesté, la seule qu'elle mît alternativement avec une robe blanche apportée du Temple, tombait en lambeaux. Ma fille aînée, que j'ai perdue il y a cinq ans, y mit une bordure neuve. Je recueillis les vieux morceaux, et les distribuai à plusieurs personnes qui me les demandèrent avec instance. Ma fille était sans cesse occupée à raccommoder le linge, les vêtemens, les bas, les souliers qui s'usaient complètement. Le soin de la chambre et de l'intérieur du ménage lui était confié; elle seule pouvait y entrer pour faire ce service; elle était encore chargée d'arranger la modeste coîffure de chaque jour, et ne fut pas exempte de ce devoir au moment même du sacrifice. Je me rappelle toutes ces particularités comme si les objets étaient encore sous mes yeux. La Reine n'avait que trois chemises assez fines, dont l'une était garnie d'une dentelle de Malines fort belle. On les lui donnait alternativement tous les dix jours. Ce service se faisait par le greffe du tribunal révolutionnaire. On n'aurait pas osé dépasser d'un mouchoir le compte strict de cette fourniture. La Reine s'occupait à écrire sur la muraille, avec une pointe d'épingle, l'état de son linge. Elle y avait tracé aussi d'autres caractères. Mais aussitôt après son départ on mit partout une couche épaisse de couleur, et tout fut effacé.

J'ai insisté sur ces détails, qui paraissent minutieux, pour démontrer combien il eût été inutile ou insensé d'entreprendre de fournir ostensiblement à la Reine la moindre chose au delà de ce qui était prescrit par le régime odieux des prisons. Que des personnes courageuses et charitables, mais modestes et ignorées, aient pu réussir à lui porter en secret (2) quelque objet de première nécessité, et surtout peu apparent, je crois un tel fait comme si je l'avais vu, quoiqu'il soit antérieur à notre établissement à la Conciergerie, parce qu'indépendamment de sa vraisemblance, il est appuyé sur des témoignages irrécusables. Mais qu'on ait réussi à lui faire parvenir une grande quantité de choses de

---

(2) V. au sujet de Mademoiselle Foucher, la note de l'ouvrage intitulé : *Histoire de la captivité de Louis XVI et de la Famille Royale*, etc. chez Michaud, imprimeur-libraire, page 267 et suivantes.

luxe ou simplement de commodité usuelle, c'est ce qu'il est impossible d'imaginer. L'envoi ne serait point arrivé à sa destination; il eût été englouti dans le greffe révolutionnaire (3). Le concierge lui-même n'aurait pas pu, sans le plus grand danger, en détourner la moindre partie pour sa prisonnière. Un seul trait prouvera combien cela était hors de son pouvoir.

La Reine avait désiré une couverture de coton anglaise. Mon mari se chargea d'en parler à *Fouquier-Tainville*. « Qu'oses-tu » demander, s'écria ce monstre en écumant de » colère? tu mériterais d'être envoyé à la » guillotine. » Nous fûmes consternés. Nous y suppléâmes de notre mieux. Je fis faire un matelas de la meilleure laine que je pus trouver, et on l'échangea contre celui de la prison. Je ne sais point, pour trahir la vérité,

---

(3) Quelques jours après la restauration, dans le courant d'avril 1814, madame de Tourzel, que j'eus l'honneur de voir, me demanda s'il était vrai qu'on eût donné un trousseau à la Reine? Je lui répondis sans hésiter que, non-seulement cela n'était pas, mais que cela ne pouvait pas être, ainsi que je le démontre en ce moment. Si cette idée est venue à quelqu'un, cela aura été une peine inutile; en tous cas, j'affirme bien positivement que jamais mon mari n'en a entendu parler.

m'énorgueillir de ce que je n'ai pas fait, ou plutôt de ce que je n'ai pas pu faire. J'ai vu le modèle de la résignation la plus religieuse et de la constance la plus héroïque; mais, il ne faut pas le dissimuler; le Ciel a voulu que la Reine de France bût jusqu'à la lie le calice de la douleur, et mon regret éternel sera d'avoir fait si peu de chose pour en détremper l'amertume. Hélas! nous ne pouvions pas sauver ses jours, nous voulions du moins que ses derniers momens fussent exempts de trouble, et la majesté de sa personne à l'abri de toute insulte.

Cependant mon mari cherchait avec la plus vive sollicitude à deviner les moindres désirs de la Reine. Il multipliait, sous différens prétextes, les occasions de l'approcher. Elle lui avait confié le soin de ses cheveux, il s'en acquittait tous les matins le moins mal possible. Si l'attention la plus respectueuse eût pu tenir lieu d'adresse, la Reine aurait été satisfaite. Elle eut du moins la bonté de le paraître; elle saisissait ce moment pour lui adresser quelques-uns de ces mots obligeans, auxquels personne ne savait donner plus de grâce qu'elle. Un jour elle lui disait, en faisant allusion à son nom, « Je veux vous appeler *bon*, parce que vous

« l'êtes, et que cela vaut encore mieux que d'être « *beau* (Bault). » Une autrefois, en le remerciant, elle ajoutait : « Je ne serai jamais assez « heureuse pour vous récompenser de ce que « vous faites pour moi. » Elle ne manquait jamais de lui demander des nouvelles de ses enfans, et de madame Élisabeth. Mon mari pouvait lui répondre quelquefois, lorsqu'il avait des informations par M. *Hue*, qui avait conservé des correspondances avec le Temple, et ne craignait pas de pénétrer aussi de tems en tems à la Conciergerie. Tant de bonté, de douceur, de sensibilité, uni à tant de courage, nous pénétrait jusqu'aux larmes. Nous étions heureux lorsque nous pouvions pleurer dans la solitude de notre intérieur, car il n'eût pas été prudent de paraître attendri devant les farouches satellites de la commune qui nous obsédaient pendant toute la journée.

Au milieu des dangers qui l'environnaient, la Reine était agitée de la crainte de compromettre les personnes qui paraissaient prendre intérêt à son sort. Il lui fallait composer son visage, ses paroles, et jusqu'à la moindre démarche. Un coup-d'œil, un mot, un geste, auraient suffi pour éveiller le soupçon d'intelligence avec son fidèle gardien, et tout aurait été perdu. Un jour néanmoins, elle se crut assez maîtresse de son mouvement pour glisser, sans être apperçue, dans la main de mon mari, quelque chose qu'elle avait préparé en secret. Soit que l'action n'eût pas été assez prompte ou assez cachée, les deux gendarmes s'en apperçurent et s'élancèrent sur mon mari, en criant avec fureur « Qu'est-ce qu'on vient de te remettre ? » il fut obligé d'ouvrir sa main, et de montrer ce qu'il venait de recevoir ; c'était une paire de gants et une boucle de cheveux(4), qui furent saisis à l'instant et portés au greffe de *Fouquier*. Nous ne doutâmes point que ces objets ne fussent destinés par la Reine à ses enfans, et nous partageâmes toute la douleur de cette privation.

---

(4) Dès le 22 mars 1814, la Gazette de France avait rendu compte de ce fait que j'avais révélé depuis longtems au rédacteur de l'article. En 1816, la paire de gants et la boucle de cheveux ont été trouvées chez Courtois avec la lettre de la Reine. Ainsi la providence a permis que la vérité de mes assertions fût justifiée par les événemens. Ces deux objets avaient passé des mains de Fouquier dans celles de Robespierre, et Courtois les avait trouvés chez celui-ci, ainsi que la lettre, lors de la visite de ses papiers. Courtois n'avait point parlé de cette découverte dans son rapport ; il en réservait la

La Reine ne se découragea point, le cœur d'une mère est ingénieux, et le malheur double sa force. Elle imagina de tirer quelques fils de la tapisserie attachée à son lit, et d'en tresser une espèce de jarretière, à l'aide de deux cure-dents, seuls instrumens de travail que lui eussent laissé ses misérables persécuteurs, qui lui avaient refusé ses aiguilles à tricoter. Lorsque l'ouvrage fut achevé, elle le laissa tomber un jour à ses pieds, au moment où mon mari entrait dans sa chambre. Il devina sur-le-champ la pensée de la Reine, s'avança rapidement vers elle, tira son mouchoir qui parut lui échapper, en couvrit la jarretierre et ramassa le tout ensemble. Nous conservâmes religieusement ce tissu précieux; je le donnai à M. *Hue*, qui devait accompagner Son Altesse Royale *Madame*, à Vienne; il le lui remit en la joignant à Huningue, ainsi qu'il a bien voulu l'attester dans son ouvrage intitulé: *Dernières années du règne et de la vie de Louis XVI*, page 352.

Pour obtenir que les gendarmes ne restassent plus dans la chambre de la Reine, où ils passaient la journée à boire, à jouer, à fumer,

---

révélation, ainsi qu'il l'a avoué lui-même, pour une occasion plus favorable.

séparés d'elle seulement au moyen d'un paravent qui coupait le local en deux parties, mon mari, sous prétexte de sa responsabilité, avait pris la clé dans sa poche, et les deux soldats restaient à la porte extérieure. Les juremens, les imprécations, les blasphêmes, ne blessaient plus les oreilles de l'auguste prisonnière, et n'interrompaient plus ses religieuses pensées Elle ne pouvait pas travailler faute de lumière et de moyen d'occupation, ainsi que je l'ai déjà dit. Elle lisait : sa lecture favorite était *les voyages du Capitaine Cook* que mon mari lui avait procurés. La plus grande partie de son tems était consacrée à la prière; souvent on la vit dans ce pieux exercice qui remplissait presque tous les momens de sa vie, surtout depuis le mémorable événement arrivé du tems de Richard (5).

---

(5) V. à ce sujet ce qui concerne M. l'abbé Magnien dans la note de l'ouvrage déjà cité, page 270 et suivantes. Je sus dès-lors qu'un digne ecclésiastique, sous le nom de *Charles*, bravait tous les dangers pour s'introduire dans la prison et porter aux détenus les consolations de la religion; mais je n'avais pas l'honneur de le connaître. J'ai su depuis que ce courageux apôtre de la foi était M. l'abbé Magnien, aujourd'hui curé de Saint-Germain-l'Auxerrois.

Malgré la présence de deux sentinelles posées sous la fenêtre de la cour, les prisonniers qui avaient la faculté de s'y promener, trouvaient le moyen, en parlant très-haut, d'instruire la Reine de ce qui pouvait l'intéresser. Ce fut par ce moyen qu'elle sut à l'avance le jour où elle devait monter au tribunal.

Je ne dirai qu'un mot de cette horrible catastrophe. Elle fut pour mon mari une agonie mille fois plus douloureuse que celle qui, peu d'années après, devança le dernier moment de sa vie. Il savait à chaque instant tous les détails de cette procédure monstrueuse, qui était accompagnée de mille outrages, et qui fit de la condamnation elle-même une espèce de bienfait. La Reine sortit du tribunal bien avant dans la nuit. Son courage n'était point abattu : sa contenance était toujours noble, mais modeste et résignée. Mon mari se trouvait à son arrivée; elle lui demanda tout ce qu'il fallait pour écrire, et fut sur-le-champ obéie. Il me dit le jour même « Ta pauvre Reine a » écrit; elle m'a donné sa lettre, mais je n'ai » pu la remettre à son adresse; il a fallu la » porter à Fouquier. » Nous ignorions, avec toute la France, ce qu'était devenu ce monument de tendresse maternelle, de piété et de courage. Le ciel nous l'a rendu par un de ces moyens admirables qui n'appartiennent qu'à sa toute-puissance, et qui attestent son ineffable bonté.

Telles sont les principales circonstaeces de cette douloureuse époque qui se retracent à mon esprit. L'impression qu'elles m'ont laissée au fond de l'ame m'a empêchée jusqu'ici d'en fixer le souvenir par écrit. On m'a invitée à le faire pour suppléer à l'insuffisance, et corriger l'inexactitude de quelques autres récits qu'on s'est empressé de publier sur des traditions incertaines. J'ai obéi uniquement dans les intérêts de la vérité. A mon âge et dans ma position on n'est point guidé par d'autres vues. Ce n'est point une relation de circonstances étrangères; c'est un témoignage rendu sur des événemens qui me sont personnels; c'est un acte où je me hâte de déposer des faits dont je suis l'un des derniers témoins, pour l'acquit de ma conscience, pour l'honneur de la mémoire de mon époux, pour celui de mes enfans, et surtout pour consacrer un juste hommage à la plus haute vertu qui ait depuis long-tems honoré les grandeurs du trône et mérité les récompenses du ciel.

www.ingramcontent.com/pod-product-compliance
Lightning Source LLC
LaVergne TN
LVHW010252230826
846091LV00007B/2929

* 9 7 8 2 0 1 3 4 5 5 4 7 3 *